DE

L'INFRACTION

SES CONDITIONS, SES ÉLÉMENTS, SES CARACTÈRES

PAR

M. C. DELPECH

CONSEILLER A LA COUR D'APPEL DE MONTPELLIER

PARIS

ERNEST THORIN, ÉDITEUR

Libraire du Collège de France, de l'École normale supérieure,
des Écoles françaises d'Athènes et de Rome

7, RUE DE MÉDICIS, 7

1879

DE

L'INFRACTION

SES CONDITIONS, SES ÉLÉMENTS, SES CARACTÈRES

Extrait de la *Revue générale du droit*.

TOULOUSE. — IMP. A. CHAUVIN ET FILS, RUE DES SALENQUES, 28.

DE

L'INFRACTION

SES CONDITIONS, SES ÉLÉMENTS, SES CARACTÈRES

PAR

M. C. DELPECH

CONSEILLER A LA COUR D'APPEL DE MONTPELLIER

PARIS

ERNEST THORIN, ÉDITEUR

Libraire du Collège de France, de l'École normale supérieure,
des Écoles françaises d'Athènes et de Rome

7, RUE DE MÉDICIS, 7

1879

DE L'INFRACTION

SES CONDITIONS, SES ÉLÉMENTS, SES CARACTÈRES

La science juridique définissant une infraction quelconque, précise seulement les caractères qui rendent cet acte punissable; c'est à ce titre qu'elle en fixe les conditions. Ainsi quand elle enseigne que le vol est la soustraction frauduleuse d'un objet appartenant à autrui, le meurtre un homicide commis volontairement, le faux une altération frauduleuse et pouvant nuire à autrui de la vérité dans un écrit, ello donne les éléments de qualification d'un fait. Il en résulte uniquement que tout acte qui aura les caractères ainsi définis, fussent-ils seuls, recevra la qualification juridique de vol, de meurtre ou de faux punissables. Il ne faudrait pas en conclure que cet acte ne pût avoir, en outre, des éléments tout autres.

La définition par la précision des caractères uniquement techniques du crime peut donc ne pas rappeler tous les éléments réels de l'action qui l'exécute. Néanmoins tous concourent à le former pourvu que l'acte, quoique complexe, soit moralement et juridiquement un. L'action est qualifiée criminelle parce qu'elle a les caractères d'un crime, mais elle garde en outre les autres éléments qui lui sont propres, et ces derniers, à cause de l'unité morale du tout, deviennent criminels aussi.

Ainsi, un malfaiteur entre dans un édifice pour y voler; il y bouleverse les meubles; il y brise les serrures; il y soustrait une somme d'argent et il prend la fuite. Si nous analysons ces divers faits, nous reconnaîtrons qu'ils peuvent être classés, sans doute, en deux catégories bien distinctes quant à leur nature propre. Les uns, ceux qui constituent la mainmise effective sur l'objet soustrait, l'appréhension et l'appropriation réelle et per-

1

sonnelle, réalisent expressément la définition générique du vol. Ils sont bien la soustraction frauduleuse d'un objet appartenant à autrui. Aussi seront-ils, à ce titre, essentiellement constitutifs du vol. Sans eux, l'action criminelle ne saurait être qualifiée vol. Les autres faits : l'entrée dans l'édifice, le dérangement des meubles, le forcement des serrures, la fuite du malfaiteur, n'offriront, au contraire, en eux-mêmes et envisagés isolément, aucun des caractères du vol. La définition de cette infraction, telle que nous l'avons rappelée, ne les précisera pas, mais tous les faits accomplis, ceux qui constituent la mainmise effective et les autres, sont, ensemble et par un commun concours, l'exécution actuelle d'une même pensée. Ils forment moralement un seul acte. L'entrée dans l'édifice, les effractions diverses, la soustraction et la fuite, s'accomplissent dans une seule action de vol. Cette action, quoique complexe, ne peut être scindée, qualifiée seulement par quelques-uns de ses éléments, la mainmise et l'appropriation, elle est formée par tous. Avant de recevoir une qualification légale quelconque, elle a bien son entité propre, entière et complète. Elle est inscindable.

Si l'acte, moralement un, est qualifié vol, tous ses éléments seront les éléments d'un vol, puisque cet acte est un.

Ce vol sera l'entrée dans l'édifice, le dérangement des meubles, les effractions, la soustraction et la fuite; non quelques-uns seulement de ces faits, mais tous; tous seront constitutifs du crime : les uns essentiellement, ainsi que nous l'avons vu, d'autres accessoirement, mais tous réellement.

Ainsi, dans ces conditions, le malfaiteur commençait à voler lorsqu'il entrait dans l'édifice, de même qu'il volait en opérant la mainmise et qu'il continuait le vol en se sauvant. Il réalisait dans l'espèce que nous venons de préciser, et en chacune de ses phases diverses, une seule action, l'action criminelle de vol.

Ces précisions, nécessairement juridiques parce qu'elles sont logiques, et à ce titre incontestables, s'appliqueront, et pour le même motif, à tout crime comme au vol.

Tenons donc pour certain que tous les faits, quels qu'ils soient d'ailleurs, rentrant dans l'unité d'une action qualifiée crime, constitueront ce crime même.

Si la thèse ainsi posée paraît théoriquement simple et facile, l'application en est périlleuse. Il est souvent malaisé de déterminer, dans une espèce réalisée, quels sont les faits rentrant moralement dans l'unité de l'action. Nous fournirons à cet égard quelques indications ayant un intérêt pratique surtout, et que nous croyons pouvoir être utiles à la solution de difficultés nombreuses.

Il faut d'abord reconnaître que pour que divers faits rentrent juridiquement dans l'unité de la même action criminelle, il est nécessaire qu'ils soient tous la mise en œuvre d'une même pensée.

L'élément intentionnel étant une des conditions de toute action punissable, les faits animés eux-mêmes de l'intention criminelle qui réalise son œuvre par l'ensemble des actes accomplis, peuvent seuls être réputés faire partie, à ce titre, de cette action.

Le nommé Acciari fut mis en accusation pour meurtre, par arrêt de la Cour do Montpellier du 6 juin 1872, rendu à raison des faits suivants : Pour un motif des plus futiles, Acciari et un nommé Saccone se querellèrent, en vinrent aux mains et se donnèrent réciproquement des coups de poings et des coups de pieds. Après quelques instants de lutte, Acciari put se saisir d'un couteau et il en frappa mortellement Saccone. La scène était unique matériellement, et si, dès le début de la lutte, Acciari, armé d'un couteau, eût, dans une intention homicide, essayé d'en frapper son adversaire, ou bien que, sans arme tout d'abord, il eût, quoique vainement, dès l'origine cherché à l'étrangler; que saisissant plus tard le couteau il l'en eût frappé, tous ces faits eussent constitué l'action de meurtre. Les premiers éléments matériels de l'action seraient rentrés dans son unité juridique.

Mais le peu de gravité du mobile, le défaut d'arme tout d'abord, la nature de la lutte et l'économie même, des faits démontraient que pendant la réalisation des premiers actes par Acciari, sa pensée n'avait pas été celle du meurtre; que ce n'était réellement qu'au moment où Acciari exaspéré s'était saisi du couteau, qu'il avait voulu tuer. A cet instant seulement l'action de meurtre avait commencé, parce qu'alors seulement le fait avait été accompagné de la pensée homicide. Toutes les circonstances antérieures étaient étrangères juridiquement à cette action. Elles n'étaient pas, quant à ce, intentionnelles. Cette distinction était, dans l'espèce, d'un grand intérêt pratique. Acciari avait

été aidé par un de ses camarades pendant la première phase
seulement de la lutte. Si les deux parties n'en avaient pas été
scindées juridiquement, ce camarade eût été complice du meurtre; ce qui n'eut pas lieu, parce que lorsqu'il aidait, l'action
n'était pas celle de meurtre pour l'auteur principal.

Si les divers actes de la scène, unique matériellement, ne rentrent dans l'unité juridique de l'action criminelle que lorsqu'ils
sont l'exécution d'une seule pensée, les faits, bien qu'ils soient
l'œuvre d'une même pensée criminelle, ne rentreront dans
l'unité de l'action que lorsqu'ils seront l'exécution actuelle et
matérielle du crime, et non pas seulement celle de l'effort qui
le prépare sans l'exécuter encore.

Ainsi un malfaiteur achète des armes, prépare des poisons,
se procure des fausses clés, dans une intention perverse, même
en vue d'un crime déterminé. Ces faits ne seront en général que
des actes préparatoires. Ils ne feront pas partie d'une action criminelle dont l'exécution n'est pas encore commencée.

Les faits d'exécution rentrent donc seuls dans l'unité de l'action criminelle. A ce titre ils font partie du crime lui-même. Il
commence avec eux, continue par eux et ne cesse qu'avec eux,
quelle que soit d'ailleurs leur nature propre, pourvu que certains, auxquels tous sont unis, offrent les caractères essentiels
de l'infraction.

Il est souvent difficile de distinguer les actes préparatoires
dont l'accomplissement n'est pas celui du crime même, des actes
d'exécution qui seuls en sont réellement la mise en œuvre.

Les actes préparatoires précèdent sans doute le crime, que les
actes d'exécution réalisent seuls, mais les uns et les autres ten-
dent au même but. Ce qui les distingue, ce n'est pas toujours
leur nature propre, mais bien le caractère de leur concours à
l'œuvre réalisant le crime.

C'est la nature de l'infraction, son économie, étudiée par le
juge, qui seule lui permettra de reconnaître quels sont les faits
qui, autres que ceux formant les éléments essentiels de l'infraction, la constitueront aussi.

Les mêmes faits pourront donc, selon que le mode de réalisation du crime les unira à son exécution ou les en distinguera,
être eux-mêmes des actes d'exécution ou demeurer des actes
préparatoires. Ainsi un malfaiteur, sachant que son ennemi

parcourt tous les jours le même chemin, y établit une chausse-trape qui doit donner la mort. L'établissement de l'embûche entre évidemment ici dans l'action criminelle de meurtre. Il constitue même à lui seul toute la matérialité de ce qui doit être le fait propre et personnel du malfaiteur, quoique la mort ne doive être ocasionnée que plus tard. L'action criminelle se prolongera peut-être, mais elle n'en subsiste pas moins déjà et par cela seul, en ces conditions, quoique le criminel demeure ensuite inactif.

Tout ce qui manque encore après que la chausse-trape est établie, pour que la mort soit donnée, sera produit par une force inconsciente agissant fatalement, et exécutant une pensée criminelle qui en a organisé les éléments et prévu l'effet.

Cette organisation même constitue réellement l'action criminelle d'homicide. Si l'engin produisant son effet la victime, succombe, le malfaiteur, par les faits qu'il a accomplis, n'aura pas seulement préparé l'homicide : il l'aura exécuté.

Supposons au contraire que le malfaiteur ait, dans la même pensée d'homicide, placé la chausse-trape en un lieu écarté, sous un sentier peu suivi, attendant l'occasion encore incertaine, et, dont il ne connaît pas même les conditions, d'y amener son ennemi. Il trouve plus tard cette occasion. Il réussit, par des manœuvres ultérieures, à faire accepter par celui qu'il veut perdre le conseil perfide de s'engager dans le sentier où il doit trouver lamort. Ici l'établissement de l'embûche, qui dans l'espèce précédente était un acte d'exécution et rentrait dans l'unité de l'action criminelle d'homicide ne sera qu'un acte préparatoire demeurant en dehors de cette action. Il en sera ainsi parce que lorsque le premier acte, l'agencement de l'embûche, a été accompli, il était, dans la pensée du malfaiteur comme dans l'économie même de la trame, isolé moralement des autres éléments d'un crime qui, bien que résolu alors, se trouvait encore indéterminé. Il ne pouvait se réaliser qu'à l'aide de combinaisons nouvelles, d'actes séparés et distincts du premier.

L'action criminelle d'homicide ne commencera donc, dans cette hypothèse, que lorsque le malfaiteur, par son conseil perfide, et à l'aide des manœuvres dont il l'aura accompagné, amenant sa victime à l'embûche, exécutera réellement l'homicide dont il avait jusque-là seulement préparé les moyens.

Les jurisconsultes ont examiné la question de savoir si certains faits, autres que ceux qui sont des éléments essentiels de l'infraction, et notamment si l'effraction, l'escalade, l'usage des fausses-clés, qui aggravent le vol, étaient des actes préparatoires du crime, ou si ces faits en étaient l'exécution même. Rossi, dans son *Traité du droit pénal*, les considère comme des actes d'exécution. Selon cet éminent criminaliste, ces faits « touchent de trop près à l'action criminelle pour qu'on puisse les en séparer. Ils se confondent avec elles. » MM. Chauveau et Faustin-Hélie, au contraire (*Théorie du code pénal*, t. I, p. 361), estiment que l'effraction, l'escalade, l'usage des fausses-clés « sont évidemment en dehors de l'action criminelle, que ces actes la préparent, la précèdent, mais que lors de leur accomplissement elle n'est pas encore commencée. Comment soutenir, » ajoutent-ils, « que l'escalade, par exemple, est un commencement de vol? »

Ces opinions sont, l'une et l'autre, trop absolues, et à ce titre erronées. Ainsi que nous l'avons dit, ce n'est pas, en dehors des éléments essentiels de l'infraction, la nature même des actes qui doit les faire ranger dans la classe de ceux qui préparent l'action criminelle ou dans la classe de ceux qui l'exécutent. Ce qui leur attribue à cet égard leur caractère juridique, c'est le mode de leur concours dans l'économie même de l'action ; l'escalade, l'effraction, peuvent être reliées à la mainmise effective, élément essentiel, mais non exclusivement constitutif du vol, soit par l'unité d'intention seulement, soit à la fois par l'unité d'intention et par l'unité d'action. Dans le premier cas ces faits demeureront en dehors de l'action criminelle de vol qu'ils auront préparée ; dans le second, ils seront des actes d'exécution. Supposons par exemple qu'un ouvrier, profitant de ce qu'il est admis dans une maison, pour y faire des travaux de son état, y descelle les barreaux d'une fenêtre afin de pouvoir pénétrer dans l'édifice pour y voler. Il le fera peut-être, mais à une époque incertaine, et lorsque les habitants, partis pour quelque voyage, lui en fourniront l'occasion. Si ses prévisions se réalisant, il commet plus tard un vol en s'introduisant dans l'édifice par la fenêtre dont les barreaux sont déjà descellés, l'effraction commise aura seulement préparé le vol. Lorsqu'il a effectué cette effraction, elle était bien unie au vol intentionnellement, ce qui est, ainsi que nous l'avons vu, la première condition d'unité de l'acte criminel ; mais l'effraction était séparée de la matérialité de l'action criminelle de vol par l'incertitude d'accomplir le vol inhérente à l'économie même de l'entreprise. L'occasion incertaine de commettre le crime ne se présenterait peut-être pas. L'action d'exécution ne pouvait commencer tant que durait l'incertitude, et l'effraction accomplie dans cette période n'était donc pas un acte d'exécution.

Supposons encore que l'escalade étant accomplie pour commettre un meurtre, le malfaiteur ne trouvant pas dans l'édifice la personne qu'il cherchait, y commette un vol dont la pensée ne lui est venue qu'après son entrée dans la maison et par suite de l'occasion qui là s'est offerte à lui. L'escalade ne sera pas, dans ces conditions, un acte d'exécution du vol, parce que, quoique liée au vol par l'unité matérielle des faits, elle en sera séparée par la dualité d'intention. Le malfaiteur était entré avec escalade, non pour voler, mais pour tuer.

Si, au contraire, l'effraction est commise pour voler, et alors que toutes les autres conditions du vol, précises et arrêtées, vont s'exécuter, elle est reliée et unie à la mainmise effective par l'intention et par le fait. Elle est un acte d'exécution du vol (D. A. v° *Tentative*, n° 70).

Sans doute il faut bien reconnaître, avec MM. Chauveau et Faustin-Hélie, que l'escalade et l'effraction peuvent être commises pour faciliter, non pas un vol, mais un meurtre ou tout autre crime, et nous venons d'en donner un exemple. Aussi personne ne soutient que ces faits soient toujours des actes d'exécution d'un vol. Nous disons seulement qu'ils exécutent le vol dans l'action criminelle duquel ils rentrent.

Nous n'hésitons pas d'ailleurs à soutenir, avec M. Bertauld (*Cours de code pénal*, p. 184), que, *suivant les circonstances, ces éléments* (l'escalade, l'effraction) *pourront être regardés comme le commencement d'exécution de tout crime dont ils auront été le premier acte.* Supposons, par exemple, que, pour aider à la perpétration d'un viol, deux malfaiteurs pénètrent, la nuit, dans la chambre de la victime. Ils l'attachent et la baillonnent, ouvrent une fenêtre au-dessous de laquelle ils placent une échelle. Celui qui doit accomplir l'acte principal, essentiel du viol, troisième malfaiteur avec lequel tous ces faits avaient été concertés, et qui attendait au bas de la fenêtre pendant qu'ils s'accomplissaient, monte à l'aide de l'échelle, et, alors que ses coparticipants tiennent encore la victime, il pénètre dans la chambre à l'aide d'escalade pour achever le crime. Cette escalade, appréciée non pas isolément, mais dans les conditions où elle s'est produite, a participé à la réunion des faits qui, par leur corrélation calculée d'avance et leur accomplissement moralement simultané, étaient renfermés intentionnellement et réellement dans l'unité de l'action criminelle de viol. Cette escalade était un acte d'exécution de *ce* viol.

Ainsi l'escalade, quoiqu'elle ne puisse aggraver que le vol, n'est pas davantage, *par ce motif*, un acte d'exécution du vol, qu'elle ne peut être, à ce même titre, un acte d'exécution du viol qu'elle n'aggrave jamais. Mais elle peut, selon les circonstances, être un acte d'exécution de l'un ou de l'autre de ces crimes.

M. Carrara a écrit expressément : *Le juge qui punit comme tentative de vol ou comme tentative d'homicide* (ce qui, selon le célèbre professeur de Pise, implique le commencement d'exécution de l'un ou de l'autre de ces crimes) *l'entrée dans la demeure d'autrui, lorsque la direction et la pertinence de cet acte lui paraissent certaines, à raison des circonstances spéciales qui l'accompagnent, décide uniquement une question de fait, et proclame la vérité ontologique inhérente à l'acte qu'il apprécie* (*Programma parte generale*, § 358) [2].

La matérialité du crime se composera donc de tous les *actes intrinsèques à l'infraction*.

Nous appuierons notre thèse de l'autorité de la Cour de cassation. Nous montrerons que sa jurisprudence tend surtout à distinguer soigneusement, dans l'appréciation des faits qui constituent à ses yeux l'exécution même, le crime générique de l'espèce réalisée.

Appréciant dans leur ensemble les actes qui ont concouru à son accomplissement, elle reconnaît dans tous ceux qu'une même corrélation comprend intentionnellement et matériellement dans l'unité du fait, le caractère d'actes d'exécution.

Anne Roblot, femme Vilmenot, dans l'intention avouée de brûler une maison à elle appartenant et louée aux époux Ponsot, avait, le 8 avril 1861, pratiqué dans la cheminée du four de cette maison une ouverture à 1 mètre 30 centim. au-dessous de la toiture en chaume, et y avait introduit un fagot de paille dont une des extrémités plongeait dans la cheminée, tandis que l'autre venait se réunir au chaume de la toiture, de manière à ce que le feu y prît dès que la femme Ponsot chaufferait son four. Cette criminelle manœuvre fut découverte avant que le four ne fût chauffé.

La Chambre des mises en accusation de la Cour de Dijon, par arrêt du 27 juin 1861, avait relaxé Anne Roblot sur ce que, d'une part, l'élément matériel du crime d'incendie consiste à mettre le feu à l'un des objets énumérés en l'article 434 du code pénal, ou à disposer le feu de telle façon qu'il puisse produire son effet naturel en communiquant avec les objets que l'on se propose de brûler, et sur ce que, d'un autre côté, les faits incriminés seraient seulement des actes préparatoires du crime d'incendie, ne constituant pas des actes d'exécution de ce crime. Mais la Cour de cassation, statuant sur le pourvoi du procureur général près la Cour de Dijon, a cassé l'arrêt de cette dernière Cour. *Attendu*, porte l'arrêt de la Cour suprême, rendu le 20 juin 1871, sur le rapport de M. le conseiller Meynard de Franc (*Bull. crim.*, 1861, p. 279), *que des faits reconnus au procès il résulte que l'action criminelle préméditée par la femme Vilmenot avait reçu toute la suite dont elle était susceptible de son fait; qu'elle n'avait plus, pour assurer la consommation du crime, rien à ajouter aux dispositions prises pour produire d'une manière fatale et presque inévitable l'incendie de sa maison; que ce qui pouvait rester d'éventuel et d'incertain dans l'évènement ne dépendait plus d'elle, qu'en conséquence, bien loin qu'un tel ensemble de circonstances ne présente pas le commencement d'exécution, il constitue l'exécution elle-même dans tout ce qui pouvait relever de la résolution et du fait de la prévenue; attendu que cette résolution s'étant montrée persistante jusqu'à la fin... etc... casse.*

Cet arrêt remarquable nous paraît parfaitement juridique (1). La loi punit comme incendiaire celui qui a *volontairement mis le feu*. Celui qui communique intentionnellement l'incendie en mettant une torche enflammée en contact avec un édifice auquel il communique ainsi le feu commet le crime prévu par

____

(1) Voir toutefois, relativement à cet arrêt, les observations présentées par M. Lacointa, en 1863, dans son *Etude sur la tentative et le méfait manqué* (*Revue critique*, t. LXVI, p. 464).

l'article 434; mais son œuvre peut, sans cesser d'être criminelle, ne pas s'accomplir d'une façon aussi simple. S'il arrange
toute chose de telle sorte qu'à un moment prévu un agent
étranger et inconscient amène l'explosion incendiaire, il met
lui-même le feu intentionnellement et réellement, par l'arrangement qu'il exécute, quoique l'explosion ne doive avoir lieu
que plus tard. Cet arrangement, maintenu jusqu'à l'heure de
l'explosion incendiaire, n'est pas un acte préparatoire du crime,
car il est de l'essence même des actes préparatoires de ne pouvoir suffire seuls à la matérialité de l'infraction. Mais cet arrangement est le mode d'exécution du crime lui-même, tel qu'il a
été conçu. Dans l'espèce appréciée par la Cour de cassation, si la
femme Ponsot avait chauffé son four, l'incendie eût éclaté, non
par le fait de cette femme, cause occasionnelle non imputable
puisque son acte, normalement, ne devait pas le produire, mais
par le fait de la femme Vilmenot, cause efficiente et imputable,
qui dérangeant intentionnellement l'état habituel et normal du
four et le transformant, devait, par ce changement, quoique
l'effet ne dût s'en produire qu'au moment du chauffage du four,
incendier l'édifice.

La Cour de Dijon elle-même, dont l'arrêt a été cassé, reconnaît implicitement que si le feu avait éclaté, la femme Vilmenot eût été coupable du crime d'incendie. Son arrêt porte en
effet que « l'élément matériel du crime d'incendie consiste à disposer le feu de
telle façon qu'il puisse produire son effet naturel en communiquant avec les objets
que l'on se propose de brûler. » Or, il est incontestable que disposer
les objets qui doivent être incendiés de telle façon que le feu
produise sur eux son effet naturel, ou disposer le feu de telle
façon qu'il doive produire sur ces objets son effet naturel, c'est
absolument la même chose. Qu'on approche le feu des objets
ou les objets du feu, le résultat et les actes eux-mêmes, consi-
dérés selon leurs caractères légaux, sont identiques dans les
deux cas.

Ainsi il est exact qu'aux yeux même de la Cour de Dijon, si
l'incendie avait éclaté, il eût été imputable comme crime à la
femme Vilmenot. Or, personne n'oserait soutenir que des actes
uniquement préparatoires puissent suffire à rendre imputable
un crime quelconque, quel qu'ait été l'évènement ultérieur.
Comment donc la Cour de Dijon a-t-elle pu qualifier de prépa-

ratoires des actes qui, d'après elle-même, eussent suffi, le feu éclatant sans autre participation de la femme Vilmenot, à la faire reconnaître coupable d'un crime consommé d'incendie? Il est évident que si les faits qu'elle avait accomplis n'avaient pas constitué des actes d'exécution, l'évènement ultérieur n'aurait pu leur donner ce caractère. Si la femme Vilmenot n'avait *rien exécuté* du crime, l'évènement ultérieur n'aurait pu la faire *réputer* avoir exécuté *entièrement* le crime.

La Cour de cassation ne dit pas que l'apport du fagot en vue de l'incendie eût été lui-même, et en dehors des circonstances dans lesquelles il s'était produit, un acte d'exécution du crime. Ce fait isolé, bien qu'intentionnel, n'aurait eu que le caractère d'un acte préparatoire. Mais tenant compte des conditions spéciales du crime, du mode entrepris pour le réaliser, conditions et mode qui liaient et unifiaient nécessairement les divers éléments du fait, la Cour suprême reconnaît l'unité d'action dans l'ensemble des actes qui ont directement concouru à un arrangement exceptionnel des lieux et des engins, maintenu avec persistance, et qui constituait ainsi à ses yeux l'exécution du crime.

Nous avons jusqu'ici démontré, par l'unité morale de l'action criminelle, que les actes d'exécution précédant, dans le cours de cette action, l'accomplissement des actes essentiels de l'infraction, en devenaient constitutifs aussi, quoique accessoirement, quelle que fût d'ailleurs leur nature propre. Il en est ainsi encore des faits qui, dans la même action, ont suivi l'accomplissement des faits essentiels ou caractéristiques.

Tant que la même action dure, serait-ce après la réalisation complète des actes essentiels, le crime se commet, car cette action, moralement inscindable, qui est le crime, ne saurait perdre son entité propre, quelle que soit sa qualification juridique. Par application de cette thèse, deux arrêts remarquables de la Cour d'Angers des 16 mai 1851 et 21 mars 1854 (D. P. 51. 2. 196. 54. 2. 111), s'appuyant sur la grande autorité de Merlin (Merlin, *Répertoire*, v° vol., sect. 2, § 3), ont jugé qu'un malfaiteur qui, après s'être introduit sans obstacle dans une maison, y appréhende frauduleusement un objet appartenant à autrui, et trouvant, lorsqu'il veut sortir, toutes les issues fermées, pratique une effraction pour se sauver, vole avec effraction (intérieure ou extérieure, selon que cet acte est commis à une fermeture du dedans ou à une clôture du dehors).

Dès que la mainmise effective et frauduleuse a été opérée, il y a eu un vol consommé, et si le malfaiteur avait été arrêté dans l'édifice même, avant que, pour se sauver, il eût commis une effraction, nul doute qu'il n'eût été considéré comme coupable de vol. Comment donc l'effraction, qui, aux termes des art. 381 et 384, C. P., n'est une circonstance aggravante du vol que lorsque ce dernier a été commis à l'aide d'effraction, a-t-elle pu, dans l'espèce, aggraver un acte qui réunissait tous les éléments suffisant à le rendre délictueux avant que l'effraction ne se produisît? Elle a aggravé ce vol parce que, tant que l'action durait, ce vol continuait, et que l'action criminelle de vol durait tant que l'unité morale de l'entreprise était maintenue.

Ce vol était inséparable de toutes les circonstances qui l'accompagnaient dans une même action. Si le malfaiteur eût été arrêté avant qu'il n'eût commis l'effraction, l'action criminelle eût cessé par l'arrestation même. Cette action n'eût pu dès lors se constituer que des faits déjà accomplis en dehors de toute effraction. Mais le vol s'étant en fait continué avec l'action criminelle, a acquis le nouvel élément d'aggravation que cette action réalisait.

Le 22 août 1877, la Cour d'assises de l'Hérault condamnait le nommé Toursel pour un vol commis dans les circonstances suivantes : Le 14 mai, un sieur Pons avait aperçu trois malfaiteurs volant divers objets renfermés dans un sac. Deux des voleurs étaient dans une maison et faisaient passer par une fenêtre le sac à Toursel. Ce dernier le mit sur ses épaules et il l'emportait lorsque Pons cria au voleur et poursuivit Toursel. Il l'atteignit. Toursel jeta alors le sac qu'il portait. Ensuite, étant toujours poursuivi, il se retourna, frappa Pons au visage d'un coup violent qui laissa des traces de contusion. Toursel put ainsi se sauver. Il ne fut arrêté que plus tard. La Chambre des mises en accusation renvoya Toursel devant la Cour d'assises comme accusé d'un vol commis en réunion, à l'aide d'escalade. Elle ne releva pas comme circonstance aggravante du vol la violence ayant laissé des traces de contusion. Elle vit dans l'acte de violence une infraction distincte.

Cette décision est juridique. Si Toursel poursuivi par Pons

l'eût frappé en continuant d'emporter le sac, le fait de violence
eût été commis pendant l'action de vol et il eût aggravé le
crime. La peine encourue eût été celle des travaux forcés à
perpétuité (382, C. P.). Mais avant de frapper Pons, Toursel
s'était débarrassé du sac. Il l'avait abandonné. A ce moment
avait cessé intentionnellement et réellement l'action criminelle
de vol. Toursel avait volé ; il ne volait plus. Les circonstances
déjà accomplies rentraient seules dans l'unité de l'action de vol
et elles la complétaient et la qualifiaient. L'acte de violence
fut commis en dehors de l'action de vol et non pour faciliter ce
crime. Il ne devait faciliter que la fuite après le vol consommé
et dans un acte séparé de celui de vol par l'abandon de l'objet
soustrait.

Nous avons vu que des faits, précédant ou suivant l'accomplissement des éléments essentiels de l'infraction, pouvaient en
être constitutifs aussi. Nous allons reconnaître, avec l'autorité
encore de la Cour de cassation, que parmi des actes géminés et
concomitants peuvent se produire les caractères distincts de
deux efforts criminels offrant la dualité d'intention et la dualité
d'action réalisant deux crimes spéciaux.

Le 14 septembre 1842, Julien L., animé d'une intention
homicide contre plusieurs personnes qui se trouvaient réunies
dans une maison, en attacha la porte de manière à les empêcher d'en sortir et mit le feu à l'édifice. Les personnes qu'il
avait ainsi voulu faire périr furent néanmoins sauvées. La chambre du conseil du tribunal de Châteaubriant vit dans ces faits
des éléments d'exécution des crimes d'incendie et d'homicide.
La chambre des mises en accusation, tout en reconnaissant
l'exactitude des faits, annula l'ordonnance de renvoi et ne mit
L. en accusation que du chef d'incendie. Mais la Cour de
cassation cassa cet arrêt (D. A. v° *Tentative*, p. 264) : Attendu que
tout attentat contre la vie des personnes, quoiqu'il ait eu lieu en même temps que
le crime d'incendie, n'en doit pas moins être distingué de ce crime et former un
chef d'accusation séparé contre celui à l'égard duquel il existe des charges suffi-
santes de l'avoir commis.

Nous devons faire remarquer que l'arrêt de cassation ne dit
pas que tout homicide commis volontairement au moyen de
l'incendie de l'édifice dans lequel se trouvait la victime implique nécessairement la double incrimination d'incendie et d'homicide. Il affirme seulement que ces deux incriminations ne

sont pas exclusives l'une de l'autre et qu'elles se sont trouvées dans l'espèce réunies et formant deux chefs distincts d'incrimination. Mais c'est évidemment parce que chacune présentait ses éléments distincts intentionnellement et matériellement.

Faisons remarquer encore que dans l'espèce que nous venons de rapporter et qui, selon l'arrêt de la Cour de cassation, renferme *en même temps* les faits d'exécution du crime d'incendie d'un édifice et des faits d'exécution du crime d'homicide : ces derniers ne consistent pas dans l'incendie lui-même.

L'intention doublement criminelle de L. était certaine. Il voulait bien incendier et tuer, et il exécutait à la fois cette double intention. Mais un seul fait ne peut réaliser la matérialité de deux crimes d'une nature distincte. L'incendie, qui est un crime spécial, ne saurait donc suffire, bien que l'intention criminelle soit double, à constituer seul les éléments matériels des deux crimes d'incendie et d'homicide. Aussi n'est-ce pas ce que porte l'arrêt de cassation. Il dit seulement que ces deux crimes de nature distincte peuvent avoir lieu en même temps.

Si la Cour de cassation juge aussi qu'ils se sont trouvés réellement l'un et l'autre dans l'espèce, c'est, selon nous, à cause d'une circonstance étrangère à l'incendie et spéciale à l'homicide que L. voulait commettre. Ce malfaiteur avait, avant de mettre le feu et dans l'intention d'assurer l'homicide, attaché la porte pour que les habitants de la maison dussent périr. Cet acte concomitant à l'incendie ne contribuait en rien à l'exécution de ce dernier crime, mais il assurait dans la pensée de son auteur l'homicide lui-même. C'est cet acte seul qui, dans l'espèce, était le mode d'exécution de l'homicide. Il ne rentrait pas moralement dans l'unité de l'action criminelle d'incendie. Quoiqu'en lui-même le fait d'attacher la porte n'eût pas les caractères d'un acte d'exécution d'homicide, il les tirait des conditions dans lesquelles il se produisait. Emprisonner les victimes en ces conditions, c'était commencer de les tuer.

L'unité de l'action criminelle n'est pas subordonnée à des conditions de temps ni même à des conditions de lieu. Elle peut continuer et se prolonger plus ou moins longtemps, et les actes qui la continuent peuvent se produire en des lieux divers. Ainsi des escrocs se concertent pour exploiter leur victime ; les uns l'amènent de loin peut-être, à l'aide de manœuvres arrêtées d'avance, et le livrent à ceux qui doivent, en exécution d'un plan conçu, achever de la circonvenir et la dépouiller. Tous ces faits, concertés et exécutés dans une seule pensée pour l'accomplissement d'un même acte, nécessiteront un temps plus ou moins long et devront se produire en différents lieux. L'économie même arrêtée et concertée à l'avance, de cette action criminelle, l'exige. Elle n'en sera pas moins une avec toutes ses phases.

Pour que l'action criminelle puisse commencer par des actes d'exécution autres que ceux qui sont essentiels à l'infraction, il faut que l'effort se produise dans des conditions telles que ces derniers soient réalisables. Un crime impossible ne saurait s'exécuter même partiellement. La partie suppose la possibilité du tout.

Un malfaiteur animé d'une intention de meurtre donne un coup de poignard à un cadavre. Quelle qu'ait été son intention, il est certain que par cet acte il n'a pas matériellement commencé de tuer. Un homme tire du dehors un coup de fusil dans un appartement qu'il croit occupé par son ennemi. Ce dernier n'y est pas. L'acte accompli ne saurait être l'exécution même partielle d'un homicide.

Mais il peut arriver qu'une entreprise criminelle, offrant dans le cours de l'effort des phases diverses, soit possible à certains moments et impossible en d'autres. Les actes qui s'accompliront pendant que le crime est possible seront des actes d'exécution. Les autres n'auront pas ce caractère. Ceci sera rendu plus sensible par l'examen d'un arrêt fort grave rendu par la Cour d'appel d'Agen le 8 décembre 1849. Voici comment s'exprime l'acte d'accusation dressé en exécution de cet arrêt : Laurent Lacroix avait manifesté à diverses reprises des intentions d'hostilité contre Bernard Lacroix, son fils aîné, qu'il accusait d'exciter sa mère à poursuivre contre lui une séparation de corps. Le 4 octobre 1849, il trouva sa fille de service occupée à planter des oignons. Il lui demanda d'un ton courroucé qui lui avait commandé cette besogne. En apprenant que l'ordre avait été donné par son fils aîné, il s'emporta contre ce dernier et le menaça de tirer sur lui un coup de fusil. Après ces menaces, Laurent Lacroix se rendit à la maison étant toujours en colère, prit à la place accoutumée le fusil à deux coups dont il se servait quelquefois, s'assura que les capsules étaient aux deux cheminées et revint en toute hâte au lieu où s'était passée la scène précédente. Le fils aîné s'y trouvait encore. Le père l'ajusta, fit partir les deux détentes, mais aucun des deux canons ne fit explosion. Furieux, il saisit son arme par l'extrémité et voulut donner à son fils des coups de crosse. Mais les domestiques intervinrent et l'empêchèrent de frapper. Le fusil avait été déchargé par le fils à l'insu de son père quelques jours auparavant. C'est ce qui avait empêché l'exécution du crime, que cette circonstance seule a pu arrêter. La Chambre des mises en accusation renvoya Laurent Lacroix devant la Cour d'assises du Gers comme accusé de s'être armé d'un fusil dans la journée du 4 octobre, à la suite d'une violente querelle avec son fils, de s'être assuré que les capsules étaient en bon état, de l'avoir ajusté, d'avoir fait partir successivement les deux détentes, ce qui constitue une tentative d'homicide volontaire, qui, manifestée par un commencement d'exécution, n'a manqué son effet que par des circonstances indépendantes de la volonté de son auteur.

M. Blanche, rapportant cette décision dans ses *Etudes pratiques sur le code pénal* (t. I, p. 9 et 15), démontre aisément que les faits retenus par la Cour d'Agen n'étaient pas des actes d'exécution, puisque par eux seuls le crime d'homicide était impossible et qu'elle n'en indiquait pas d'autres qui eussent pu le réaliser. M. Carrara, au contraire, entreprend de justifier l'arrêt. « *Laurent,* » écrit le célèbre professeur de Pise (*Programma, parte generale, quarta edizione,* § 364), « *avait préparé un fusil pour tuer son fils. Celui-ci l'avait adroitement déchargé et remis à sa place. Le soir, Laurent se saisit du fusil et pressa la détente pour le faire partir contre son fils, mais le fusil était vide. Il fut puni comme coupable de tentative d'homicide. La tentative d'homicide ne consistait pas dans la pression de la détente d'une arme absolument impropre à faire du mal. Elle consistait dans le fait antérieur de l'avoir chargé. Cet acte, quoique se rapportant à l'entreprise, avait été seulement préparatoire, car il était isolé. L'acte qui a suivi, quoique impropre en lui-même, a donné au premier sa pertinence certaine (univocità) et l'a rendu punissable comme tentative. Seulement la différence dans le résultat sera celle-ci, et c'est une différence capitale : la tentative sera punie, dans cette hypothèse, comme éloignée et non comme très prochaine. La pression de la détente était un acte de tentative très prochaine parce qu'il était dirigé sur la victime qui devait être l'objet passif du crime consommé. Mais parce que cet acte est vain, il n'est pas en lui-même punissable. L'acte de charger et de préparer le fusil n'était pas punissable tant qu'il était non pertinent (equivoco). L'acte suivant, quoique impropre, a rendu le premier pertinent et punissable. L'imputation sera donc dirigée contre le premier et non contre le second. Mais ce premier acte, devenu pertinent, ne peut constituer qu'une tentative* ÉLOIGNÉE, *parce qu'il ne tombe pas sur l'objet passif du crime. C'est évident.* »

La loi italienne admet plusieurs sortes de tentatives, ce qui explique certaines parties du passage ci-dessus transcrit, et elle les réprime par des peines différentes, selon qu'elles constituent une entreprise criminelle poussée plus ou moins loin. Mais, pour toutes, elle exige cet élément caractéristique : un acte d'exécution du crime.

Pour interpréter l'arrêt d'Agen, il faut nécessairement circonscrire l'application de sa doctrine aux faits seuls qui, d'après son texte même, en ont été l'objet. On ne saurait apprécier une thèse quelconque qu'en l'état des faits qui en ont été l'application.

L'arrêt décide qu'il y a exécution partielle de l'action d'homicide dans les faits de s'être armé d'un fusil (alors vide), de s'être assuré que les capsules étaient en bon état, de l'avoir ajusté, d'avoir fait partir successivement les deux détentes. Or il est incontestable que l'effort circonscrit dans ces seuls faits a été vain et devait l'être, dès son début et pendant toutes les phases de sa durée. Aucun de ces faits n'a servi à exécuter un crime réel, même partiellement.

Le crime entrepris dans ces conditions était irréalisable. M. Carrara le reconnaît. « *La tentative d'homicide,* » écrit il formellement, « *ne consistait pas dans la pression de la détente d'une arme absolument impropre à faire du mal.* » Ainsi, comme tous les jurisconsultes qui ont examiné la décision d'Agen, le célèbre professeur de Pise la critique, mais seulement comme application erronée du droit aux faits qu'elle retient. Examinant toutefois la cause elle-même, et non plus l'arrêt, il trouve, dans les faits antérieurs à ceux que la Cour a retenus, des éléments d'exécution du crime d'homicide justifiant la décision rendue. Selon lui, le chargement du fusil, quoiqu'en lui-même uniquement préparatoire du crime d'homicide, en est devenu un fait d'exécution par l'effet des actes ultérieurs, qui, impropres eux-mêmes comme étant vains, lui ont attribué néanmoins une pertinence réelle.

Avant d'apprécier en elle-même la théorie de M. Carrara, faisons observer que les faits auxquels il l'applique diffèrent essentiellement de ceux de la cause elle-même.

L'éminent criminaliste affirme en effet que Laurent Lacroix avait chargé son fusil pour tuer son fils, et que, dans la soirée, alors que ce dernier avait adroitement déchargé cette arme, il s'efforça d'en faire usage pour accomplir son projet criminel.

2

Or il résulte de l'acte d'accusation que le fusil dont Laurent Lacroix *se servait quelquefois*, et qu'il prit au moment de l'action *à sa place accoutumée*, était alors déchargé *depuis quelques jours*.

Rien n'indique d'ailleurs qu'il eût été chargé pour tuer.

Comment donc pourrait-on voir dans ce chargement du fusil, qui, ni intentionnellement ni réellement, ne faisait partie de l'action d'homicide, un acte d'exécution de ce crime, quels qu'aient été d'ailleurs les actes subséquents? Il en était séparé, en outre, juridiquement par l'événement même qui occasionna la scène de violence à laquelle se livra L. Lacroix. Le fusil avait été chargé et même déchargé depuis plusieurs jours, lorsque, *en apprenant que l'ordre* (exécuté par la servante) *avait été donné par son fils aîné, Laurent s'emporta contre ce dernier... se rendit à la maison étant toujours en colère, prit le fusil*, etc., et accomplit ensuite les faits qualifiés par l'arrêt. Sans doute, depuis longtemps, Laurent avait manifesté des sentiments d'hostilité contre son fils, peut-être même avait-il à son encontre une pensée d'homicide; mais, dans tous les cas, la volonté de l'exécuter actuellement ne naquit chez lui que lorsqu'il connut l'ordre donné par son fils. Or ce fait, motif occasionnel tout au moins de l'acte de violence, étant postérieur au chargement du fusil, ne permet pas de rattacher ce dernier acte à la scène de violence elle-même. Le chargement du fusil, loin de pouvoir revêtir le caractère d'un fait d'exécution de l'homicide, n'en était pas même un acte préparatoire. En effet, il n'avait pas été accompli en vue de réaliser même plus tard ce crime, et la Cour d'Agen, qui l'a considéré comme accompli avant l'action d'homicide, n'y a pas même vu le signe de la préméditation, qui eût existé évidemment si, dans ces conditions, le fusil eût été chargé pour tuer.

Ainsi, pas plus que les faits retenus par l'arrêt, le chargement du fusil, dans les circonstances de la cause, ne pouvait être considéré comme un acte d'exécution de l'homicide.

Nous croyons donc que si ces circonstances, que ne révèle pas l'arrêt, avaient été connues de Carrara, son appréciation n'eût pas été autre que celle de M. Blanche.

Mais si la théorie de l'illustre criminaliste n'est pas applicable à l'espèce soumise à la Cour d'Agen, examinons-la néanmoins,

en supposant que les faits aient été tels qu'il les rapporte.
Nous n'avons pas à juger la cause, mais nous apprécions une
thèse doctrinale. Suivons-la donc sur le terrain où elle a été
placée. Admettons hypothétiquement que Laurent ait chargé son
fusil pour tuer son fils, que ce dernier ait déchargé l'arme, que
la cause occasionnelle de l'acte de violence ne se soit pas produite après que le fusil avait été déchargé, et que le soir même
du jour où le fusil avait été chargé, Laurent en ait fait usage
sans savoir qu'il était déchargé. Nous soutenons que, même en
ces conditions, le chargement du fusil n'aurait pas été un acte
d'exécution du crime d'homicide. Carrara reconnaît que *cet acte,
quoique se rapportant à l'entreprise, avait été préparatoire, car
il était isolé.* Mais il ajoute : *l'acte qui a suivi, quoique impropre en lui-même, a donné au premier sa pertinence.* Toute la
thèse est cantonnée dans ces quelques mots. Nous admettons
que des actes vains en eux-mêmes peuvent révéler, dans les
actes précédents, le caractère de faits d'exécution, mais en les
reliant à l'ensemble d'un effort criminel et à la condition, par
conséquent, que les uns et les autres se seront produits en une
même action. Il faut que les circonstances même prouvent
qu'il n'y a pas eu interruption morale de l'effort entre eux. Que
les faits se soient suivis immédiatement ou que l'économie
même de l'entreprise ait motivé entre eux quelque arrêt, qui,
à ce titre, n'en ait pas détruit l'unité morale. Si Laurent Lacroix,
voyant venir son fils vers la maison, y était entré d'abord lui-
même, et que, dans l'intention d'exécuter sur l'heure son projet
criminel, il eût chargé son fusil et tué immédiatement son fils,
nul doute que, dans ces conditions, le chargement du fusil
n'eût été, comme la mise en joue et la pression sur la détente,
un acte d'exécution de l'homicide, parce que, avec les autres
faits, il serait entré dans l'unité morale d'un seul acte. Le chargement du fusil n'eût pas perdu ce caractère d'acte d'exécution,
si, au moment de la mise en joue, une main secourable détour-
nant l'arme avait rendu vain les faits ultérieurs. L'inefficacité
des derniers actes rendus vains pendant l'action n'eût pas fait
cesser l'unité de l'effort qu'ils avaient contribué à former et
dans laquelle entrait le chargement du fusil, alors que la réussite était possible.

Supposons, modifiant en cela seulement les termes de l'espèce que nous venons de préciser, que le fils tardant à arriver près de la maison, alors que le père vient de charger et d'amorcer son arme pour le tuer, Laurent, impatient, aille vers la fenêtre pour voir venir son fils et s'assurer du moment où il sera à portée. Afin que celui-ci n'aperçoive pas l'arme, il la dépose derrière lui. Cette mise de l'arme à l'abri des regards du fils ne détruit pas l'unité morale des faits et n'interrompt pas l'action, parce que cette circonstance entre dans l'économie même de l'entreprise. Mais, durant les quelques instants si courts qu'y emploie Laurent, un ami dévoué enlève les amorces du fusil. Laurent ne s'en aperçoit pas, prend l'arme, vise son fils, fait partir les détentes. L'arme était devenue inoffensive et l'effet est manqué. Ici l'office de l'ami est identique à celui de la main qui, dans l'espèce précédente, avait détourné le coup au moment de l'explosion. Le chargement du fusil sera encore un acte d'exécution.

Ainsi, soit que, comme dans la première des trois hypothèses que nous venons de préciser, les actes qui ont suivi le chargement du fusil aient consommé l'homicide, soit que, à une phase quelconque de leur durée, comme dans les deux autres, ces actes soient devenus vains, ils n'en ont pas moins continué la série des circonstances dont l'ensemble formait l'action criminelle entreprise. Dès lors, le premier de ces faits, le chargement du fusil, non isolé, s'étant accompli à un moment où l'effort pouvait aboutir, en a été un acte d'exécution.

Supposons encore qu'immédiatement après que Laurent eut chargé son fusil pour tuer son fils qui s'avançait vers lui et était à portée, les témoins de cette scène lui aient arraché l'arme avant qu'il ait pu pousser plus avant son action criminelle. Le chargement, rendu isolé par cette circonstance, mais qui n'eût pas été tel si l'effort avait pu se continuer selon son organisation, n'en pourra pas moins être considéré comme un acte d'exécution. Sans doute ici des faits ultérieurs n'en feront pas connaître le caractère, mais le juge pourra néanmoins, s'appuyant sur tous les éléments de la cause, et dans sa souveraine appréciation, le lui reconnaître. M. Carrara a écrit excellemment : Le juge qui punit comme tentative de vol ou comme tentative d'homicide l'entrée dans la demeure d'autrui lorsque la direction et la pertinence de cet acte lui paraissent certaines à cause des circonstances spéciales qui l'accompagnent, décide uniquement une question de fait (*Programma*, parte generale, § 358 (2). Ainsi l'entrée seule dans une maison peut être considérée comme un acte d'exécution de l'homicide, selon les circonstances. A plus forte raison le chargement du fusil. Ce n'est donc pas la suite donnée réellement à l'effort criminel qui *attribue* aux premiers actes le caractère de faits d'exécution, mais bien l'organisation même de l'entreprise réalisée partiellement par eux. Sans doute, mieux qu'aucune autre circonstance, la suite *révèle* ce caractère quand il existe, et pour avoir cet effet, il est indifférent que la suite soit composée de faits vains ou de faits efficaces. Les faits rendus vains *font connaître* l'entreprise aussi bien que le faisaient des actes eux-mêmes pertinents pour la réussite de l'effort. Mais des faits venus après le premier acte vains ou efficaces, qui ne sont pas *unis* à lui soit par une succession immédiate soit par des circonstances qui en tiennent lieu, prouvent au contraire, en montrant l'isolement réel de ce premier acte, que celui-ci, quoi qu'il ait pu être accompli en vue du crime et même pour le préparer, n'en était pas l'exécution. C'est là précisément ce que nous trouvons dans les faits rapportés par Carrara, quoique par erreur, comme étant ceux de la cause jugée par la Cour d'Agen. Selon lui, Laurent Lacroix avait chargé son fusil pour tuer son fils, et le soir il fit partir, en visant ce dernier, les deux détentes du fusil vide. Mais rien ne nous indique l'instantanéité morale de ces deux faits. Elle n'existe pas, et dès lors comment admettre que Laurent exécutait, en chargeant l'arme, un homicide que son propre fait, ultérieur et séparé, devait seul réaliser ?

Ainsi, si la pression des détentes avait suivi immédiatement, ou dans des circonstances qui tinssent lieu de l'instantanéité, le chargement du fusil, nous y reconnaîtrions l'effet, non pas *attributif* au chargement, du caractère d'acte d'exécution, mais *probant* de ce caractère. Nous le lui reconnaîtrions, soit que cette pression eût été vaine ou qu'elle eût été efficace. Mais ces deux actes ayant existé au contraire séparés, nous trouvons dans l'isolement du premier, qui se produit tel par suite de l'organisation même de l'entreprise et non à raison d'un fait accidentel, la preuve du caractère purement préparatoire du chargement du fusil.

Si les faits retenus par l'arrêt ou ceux indiqués par Carrara ne sauraient constituer des actes d'exécution, il en était dans la cause certains autres relatés par l'acte d'accusation et qui avaient ce caractère.

Après le narré des fait qualifiés par l'arrêt, et selon nous d'une façon erronée, l'acte d'accusation ajoute : *Furieux, il* (Laurent) *siasit son arme par l'extrémité et voulut donner à son fils des coups de crosse. Mais les domestiques intervinrent et l'empêchèrent de frapper.* Cette dernière aggression, — mais celle-là seule, — était, selon nous, un acte d'exécution de l'action criminelle d'homicide. En effet, ce qui la précédait immédiatement, quoique vain en soi, prouve bien que l'intention de Laurent était de tuer, qu'elle était sérieuse, résolue. L'effort avait été entrepris dans des conditions de réalisation impossible tout d'abord, et jusqu'au moment inclusivement où Laurent avait fait jouer les détentes d'un fusil inoffensif tant qu'il était ainsi employé. Mais l'effort se continuait ensuite dans des conditions nouvelles. Quant Laurent saisit le fusil par le canon et chercha à s'en servir comme d'une massue, il commença l'exécution d'une action d'homicide dans des conditions de réalisation possible, car l'arme ainsi conduite par celui qui voulait tuer pouvait réellement servir à commettre l'homicide. Ainsi, selon nous, l'arrêt d'Agen, mal motivé était néanmoins bien rendu. Il était applicable uniquement à la dernière partie de la scène.

Il faut donc reconnaître que si l'effort commencé pour l'accomplissement du crime se manifeste par des actes réalisés pendant que le crime était possible, ces actes demeureront des actes d'exécution et auront marqué le commencement de l'action criminelle, alors même que dans le cours de l'entreprise, avant ou après eux, le crime aurait été irréalisable. Mais il est indispensable que pendant une phase quelconque de l'entreprise le crime ait été possible *à l'aide des moyens employés.*

C'est ce qu'a méconnu un arrêt de la Cour de cassation, innovant une jurisprudence qui nous paraît critiquable : « Attendu, » porte cet arrêt rendu le 12 avril 1877 (D. P. 1878. 1. 35) contrairement aux conclusions de M. l'avocat général Robinet de Cléry, que le 13 décembre 1876, à dix heures du soir, la veuve Charvey a tiré ou fait tirer un coup de pistolet du dehors, contre la fenêtre de la chambre à coucher de Henri Ours ; que ce coup atteignit le chevet du lit et qu'une certaine quantité de grains de plomb y pénétrèrent après avoir percé les couvertures et un drap ; que Ours était très habituellement couché dans ce lit à cette heure, mais que ce soir là il se trouvait accidentellement levé et dans une écurie contiguë à sa chambre, et que c'est à cette circonstance seule qu'il a dû de ne pas être atteint par le coup de pistolet tiré contre lui, avec l'intention de lui donner la mort; que néanmoins l'arrêt attaqué déclare que le fait imputé à la veuve Charvey ne peut tomber sous l'application de la loi pénale, parce qu'en réalité elle n'a tiré que sur un lit, sur une chambre où ne se trouvait aucun objet passible du crime d'homicide; que dès lors il n'y avait aucun crime possible ; attendu que la conséquence légale que l'arrêt dénoncé tire des faits qu'il constate est erronée; qu'en effet c'est par une cause toute fortuite que Ours ne se trouvait pas dans sa chambre au moment où le coup de pistolet qui lui était destiné a été tiré; que la veuve Charvey supposait et devait supposer qu'il était alors couché, puisque telle était son habitude; que dès lors il n'y avait pas une impossibilité absolue à ce que le crime qu'elle se proposait de commettre pût être consommé ; que si Ours n'a pas été atteint par le coup de pistolet tiré contre lui avec intention de lui donner la mort, ainsi que le déclare l'arrêt, c'est par une circonstance extraordinaire dont l'agent du crime ne saurait bénéficier; qu'il résulte donc des circonstances de fait que la veuve Charvey a commis volontairement une tentative manifestée par un commencement d'exécution et qui, etc... casse.

On sait que la première condition d'une tentative punissable est l'accomplissement d'un acte réel d'exécution du crime même. Si notre théorie sur l'unité de l'action criminelle est fondée, on reconnaîtra ce caractère, non seulement dans l'accomplissement total ou partiel d'un acte essentiel de l'infraction, mais même, sans doute, dans celui qui ne revêt le caractère d'acte constitutif qu'accidentellement et à raison de l'unité, moralement inscindable, de l'action totale. Mais il faudra néanmoins que ce premier acte que l'on répute acte d'exécution, à quelque moment de l'entreprise qu'on le suppose, s'accomplisse alors que le crime est possible, sinon instantanément réalisable.

La Cour de cassation, dans l'arrêt précité, s'est surtout préoccupée des conditions dans lesquelles doit se terminer la tentative pour être punissable, et pas assez, nous semble-t-il, de celles dans lesquelles elle doit, au même titre, commencer. Posant en fait, ce qui était à prouver, que l'effort entrepris par la veuve Charvey s'était manifesté par des actes réels d'exécution du crime, mais sans l'établir par aucune précision, l'arrêt démontre ensuite, et ceci facilement, les prémisses étant admises, que l'entreprise n'a manqué son effet que dans les conditions quant à ce exigées par la loi pour qu'elle fût punissable.

Certainement, si Ours n'a pas été atteint, c'est bien parce qu'il n'était pas dans son lit, circonstance indépendante de la la volonté de la veuve Charvey, mais non seulement cette circonstance, dans les conditions où elle s'est produite, a empêché l'effort de réussir, mais elle a empêché aussi la tentative légalement criminelle de naître, dans aucune des phases de l'action Ours n'ayant été en situation d'être atteint.

Il aurait pu se trouver dans son lit, c'est bien certain. Il y était habituellement à l'heure du fait. La veuve Charvey croyait qu'il y était, et elle devait le croire. Tout cela est très vrai. Mais enfin il n'y était pas, et, en outre, pendant tout le cours de l'entreprise de cette femme, il en avait été éloigné. Dès le moment où avait commencé l'action, c'est-à-dire lorsque la veuve Charvey, s'approchant de la fenêtre, avait levé le bras pour viser, et pendant toute sa durée, le crime était impossible. L'action, immorale sans doute, n'était pas juridiquement criminelle. Elle était toujours demeurée en dehors de l'une des conditions indispensables à tout crime : la possibilité de nuire à autrui. Aucun des actes accomplis ne réalisait donc un crime, même partiellement.

La Cour de cassation a pour la première fois, croyons-nous, par cet arrêt, admis en jurisprudence une théorie de droit que nous ne pouvons reconnaître comme juridique : la distinction, au point de vue de l'imputabilité des faits, entre l'impossibilité absolue et l'impossibilité relative.

Il y a impossibilité absolue, lorsque l'effort, quelles qu'eussent été les circonstances intrinsèques du fait, aurait toujours été vain. Elle existe en dehors des circonstances du fait. Ainsi, un malfaiteur s'efforce de tuer un homme déjà mort. Son entreprise est d'une réalisation absolument impossible, et par conséquent les actes qu'il a pu accomplir ne sont pas réputés des actes d'exécution de l'homicide. Il y a, au contraire, impossibilité relative seulement, lorsque étant données les circonstances intrinsèques du fait, le crime a été, dans ces circonstances seulement, impossible, quoiqu'il eût pu se réaliser si les conditions eussent été différentes.

Cette impossibilité, uniquement relative, ne doit pas empêcher, dit-on, l'imputabilité des actes accomplis. Ce serait le cas de l'espèce appréciée par la Cour de cassation. Ours n'était pas dans sa chambre au moment de l'entreprise de la veuve Charvey, et par conséquent cet effort ne pouvait l'atteindre. Mais cette impossibilité n'était que relative, car il aurait pu se trouver dans sa chambre. Il y était ordinairement à cette heure, et s'il y eût été, il se serait trouvé exposé à la mort. Donc, s'il pouvait s'y trouver, il pouvait être tué. Par conséquent, il n'y avait impossibilité à ce qu'il fût tué que dans les conditions de l'entreprise, c'est-à-dire relativement, et non impossibilité absolue. Ceci est parfaitement vrai, mais indifférent à la question. De quoi s'agit-il? Uniquement de savoir *si le fait* de la veuve Charvey est l'exécution partielle tout au moins d'un crime. De quel? Evidemment de celui qui se serait accompli dans les conditions de l'action. Il ne peut s'agir d'un autre. Pour apprécier et déterminer le caractère ontologique d'un acte, on ne saurait l'envisager dans des conditions autres que celles dans lesquelles il s'est produit. Par conséquent, pour déterminer le caractère de cet acte, il est inutile et inafférent de le considérer comme s'il s'était produit dans des conditions possibles sans doute, mais qui ne se sont pas réalisées.

On admettra bien que, pour savoir si un agent a pu tuer un homme d'un coup de fusil, il est inutile d'examiner s'il aurait pu l'empoisonner. De même, pour affirmer que la veuve Charvey n'a pu commencer l'exécution de l'homicide d'Ours, alors qu'il n'était pas dans sa chambre, lieu dans la direction duquel elle a tiré le coup de feu, il est inutile de savoir s'il aurait pu s'y trouver. S'il s'y fût trouvé, l'acte de la veuve Charvey eût eté l'exécution d'un crime possible, alors même que l'effet n'eût pas été atteint. Il n'y était pas ; la veuve Charvey accomplissait son acte dans ces conditions et non autrement. Elle ne pouvait être réputée exécuter *ainsi* un crime qui, *ainsi*, était inexécutable. On ne pouvait lui imputer de l'avoir exécuté ou d'avoir pu l'exécuter en d'autres conditions qui l'eussent rendu réalisable, puisque tel n'était pas son fait. Si Ours eût été couché dans son lit, que, voyant le pistolet dirigé vers lui, il se fût précipitamment jeté dans la ruelle, et qu'il eût ainsi seulement évité les projectiles, les actes déjà accomplis alors par la veuve Charvey, son accès auprès de la fenêtre et la direction par elle donnée à l'arme eussent constitué des faits d'exécution du crime d'homicide, parce que l'action criminelle d'homicide, intentionnellement et réellement, eût commencé à un instant où le crime était réalisable. Ours aurait pu être tué dans les conditions où il se serait trouvé et où se serait trouvé l'agent avant que l'objet de l'action, Ours, ne se fût dérobé. Mais dans l'espèce, telle que la montrait la réalité des faits, l'entreprise avait été vaine dès le début et toujours.

Tout acte d'exécution d'un crime possible rentrant dans l'unité de l'action criminelle sera donc, ainsi que nous l'avons dit, partie intégrante du crime lui-même. Mais il appartient encore à la souveraine appréciation du juge de ne reconnaître ce caractère d'exécution qu'aux faits d'une gravité suffisante relativement à la nature et à la gravité du crime lui-même. Ainsi, l'on verra généralement un acte d'exécution du vol dans la seule introduction du malfaiteur dans un édifice pour y voler. Ce fait, au contraire, ne suffira pas d'ordinaire à constituer le commencement d'exécution d'un meurtre. Ce dernier crime, en effet, a une gravité telle, que la simple entrée dans l'édifice où se trouve la victime désignée est moralement un acte très éloigné de l'homicide. Nul ne sait, et le malfaiteur-lui-même n'en est pas certain, nul ne sait si la volonté persistera dans le dessein criminel. L'acte accompli ne l'affirme pas suffisamment pour qu'on puisse présumer de son caractère que le crime s'exécute réellement.

Mais supposons qu'une bande de malfaiteurs armés fasse violemment irruption dans l'édifice, annonçant hautement l'intention homicide. On reconnaîtra dans cet acte les caractères du commencement d'exécution de l'homicide.

Parmi les faits réalisant l'action criminelle, certains peuvent constituer, aux termes de la loi pénale, des circonstances aggravantes, comme l'escalade, l'effraction, l'usage des fausses clés. Elles font encourir à l'auteur de l'infraction une peine plus sévère. Elles aggravent le crime, et par conséquent chacun de ses éléments.

Ainsi, un malfaiteur dévalisant une maison commet des effractions sur divers meubles dans lesquels il ne trouve rien à prendre. Il s'empare au contraire d'une somme d'argent déposée sur une table. Les effractions qu'il a commises n'ont pas facilité spécialement la mainmise effective opérée par lui sur la somme d'argent, puisque cette somme ne se trouvait dans aucun des meubles qui avaient été l'objet des effractions.

Envisagées en elles-mêmes et circonscrites aux meubles qui ont été fracturés, elles ne constitueraient que des efforts vains, sans conséquence juridique. Mais elles ont eu lieu ainsi que la mainmise opérée sur la somme d'argent en une même action. Elles sont devenues, à raison de ce, des éléments constitutifs de ce vol. Le malfaiteur n'aura donc pas commis plusieurs tentatives vaines opérées sur les meubles dont il a brisé les serrures et un vol simple opéré sur la table ; mais tous ces faits étant unis en la même action, il aura commis un seul vol avec effraction.

Pour connaître les caractères de l'action qualifiée crime et déterminer ses conditions, nous avons jusqu'ici porté notre examen sur son objet passif, sur les éléments de fait dont l'ensemble concourt à former son unité. Si les divers éléments, objet passif de l'entreprise, sont unifiés par l'effort même de celui qui les réalise, le sujet lui-même, l'agent exécutant le crime, quel que soit d'ailleurs le nombre des coparticipants, est toujours aussi moralement un, à cause du concert qui, dans le cas de plusieurs coauteurs, unit nécessairement les divers éléments d'un effort commun. Aussi chacun des coauteurs de l'action sera-t-il réputé l'avoir commise tout entière, qu'elle qu'ait été d'ailleurs la nature intrinsèque des actes par lui personnellement accomplis. Ainsi deux malfaiteurs, animés d'une intention homicide, donnent l'un et l'autre, agissant de concert, des coups de poignard à leur victime. Un seul coup est mortel. Celui qui l'a porté a seul accompli l'acte matériel essentiel à l'homicide. L'autre n'en est pas moins coupable d'homicide, parce que, avec son coauteur et de concert, il a commis une seule action.

Mais nous ne saurions trop insister pour rappeler que, afin que plusieurs coparticipants encourent la responsabilité pénale de l'acte en entier, il est nécessaire qu'ils agissent non seulement ensemble, mais encore de concert. C'est en effet le concert qui unifie les coparticipants.

Les nommés V. E. et son fils V. P. furent, par arrêt de la Cour de Montpellier, renvoyés devant la Cour d'assises de l'Aude à raison des faits suivants : Le 16 septembre 1877, V. père, dans l'intention de mettre le feu à sa propre maison assurée, afin de toucher l'indemnité due en cas de sinistre par la compagnie d'assurances, avait établi deux foyers d'incendie, l'un au levant et l'autre au couchant de l'édifice. Leur effet devait se produire à la fois lorsque des mèches de briquet, allumées par lui, auraient, après qu'elles se seraient consumées dans une durée calculée d'avance, communiqué le feu à des matières inflammables placées et disposées à cette fin. Après avoir allumé les mèches, V. père quitta la maison, qui resta seule. V. fils y entra quelque temps après, accompagné d'un de ses amis. Ces deux jeunes gens, qui ignoraient ce qui s'était passé dans la maison, y virent la mèche brûlant dans la partie de l'édifice située au levant. V. fils s'empressa de l'éteindre devant l'étranger qui était avec lui.

Ils sortirent ensemble ; mais V. fils, qui avait, d'après l'accusation (dont nous reproduisons le système uniquement pour l'examen d'une thèse juridique, et sous la réserve de l'exactitude des faits, V. fils ayant été acquitté), compris le dessein de son père, rentra seul dans la maison et y ralluma la mèche. Comme elle était demeurée quelque temps sans brûler, son effet fut en retard sur celui de la mèche placée dans la partie de l'édifice située au couchant. Ce dernier foyer éclata tout d'abord et mit le feu à la maison. Lorsque les voisins accoururent, ils virent la mèche située au levant brûler encore, et ils purent l'éteindre avant qu'elle n'eût, ainsi que cela s'était déjà réalisé au couchant, communiqué l'incendie à l'édifice. La Chambre des mises en accusation renvoya V. père et V. fils devant la Cour d'assises, le premier sous l'accusation d'incendie, et V. fils sous celle d'un crime distinct qu'elle qualifia de tentative d'incendie.

La dualité d'incrimination était ici parfaitement juridique. Le père et le fils avaient agi dans le même but, à l'aide des mêmes moyens. Leurs efforts avaient été simultanés, puisque celui du père durait encore, juridiquement, lorsque celui du fils se produisit. Toutefois ils n'étaient pas coauteurs d'un même crime, parce que leurs efforts n'étaient pas concertés et qu'ils n'opéraient qu'à l'insu l'un de l'autre. Les conséquences de cette dualité d'action eussent été grandes, si la maison n'avait pas servi à l'habitation. En effet, V. père ayant mis le feu à un édifice lui appartenant, n'eût été passible que de la peine des travaux forcés à temps. Le fils, au contraire, ayant mis le feu ou tenté de mettre le feu à un édifice appartenant à autrui, aurait encouru la peine des travaux forcés à perpétuité (434, C. P.). Si, au contraire, les faits des deux accusés avaient été concertés, ils auraient été coauteurs d'une même action criminelle, et ils eussent été, à ce titre, passibles de la même peine.

Tous les coauteurs d'un crime commis avec des circonstances aggravantes résultant d'actes matériels, comme l'effraction, l'escalade, etc., encourront l'aggravation de peine que ces circonstances motiveront, quoique certains des coauteurs de l'action ne les aient pas commises personnellement. Il en est ainsi parce que le crime est un, et parce que les coparticipants ne sont, moralement, à cause de leur concert, qu'un seul agent. A ce double titre, l'action qui réalise tous les faits est également une. Les circonstances aggravantes servent à qualifier le fait, et un même vol ne peut avoir été commis avec et sans effraction, avec et sans escalade, par deux coparticipants qui ont agi de concert.

Le coauteur du vol commis avec effraction est passible de l'aggravation de peine résultant de l'effraction qu'il n'a pas commise personnellement, de même que par sa participation à l'action de vol commise sans circonstances aggravantes, il encourrait la peine du vol simple, quoique personnellement il n'eût pas effectué la mainmise sur l'objet soustrait. En prenant part comme coauteur à l'action criminelle, il a participé au vol tel qu'il est qualifié, et ce, à raison même de son concours effectif à l'action dont chacune des parties, *telle qu'elle est*, sert à constituer l'ensemble. Aussi la jurisprudence décide-t-elle que lorsqu'un même crime, accompagné de circonstances de cette nature, est imputé à deux accusés, l'obligation d'interroger le jury par une question distincte pour chaque accusé n'existe qu'à l'égard du fait principal et non relativement à ces circonstances aggravantes (Cass., 4 avril 1863). Pour chacune de ces dernières, on ne doit poser qu'une seule question.

Il serait même dangereux, au point de vue du maintien de l'arrêt de condamnation en cas de pourvoi, de faire autrement, et la Cour suprême a vu, avec raison, selon nous, contradiction et motif de cassation dans les réponses du jury qui avait déclaré l'existence de ces circonstances aggravantes relativement à un accusé et qui ne l'avait pas admise relativement à un autre (Cass., 10 octobre 1865).

Cette jurisprudence éclaire singulièrement la question de savoir si l'effraction, lorsqu'elle est commise *avant l'action* criminelle de vol, et qu'elle est dès lors un fait préparatoire, facilitant il est vrai le vol commis plus tard, mais sans en être un acte d'exécution réelle, l'aggrave néanmoins juridiquement.

Nous avons fourni un exemple de cette situation dans le fait rapporté plus haut, d'un ouvrier qui, admis dans une maison afin d'y exécuter certains travaux, profite de l'accès qui lui est ainsi donné pour desceller les barreaux d'une fenêtre par laquelle il espère, lorsqu'une occasion qu'il ne connaît pas encore lui en sera fournie, pénétrer dans l'édifice pour y voler, et qui, une circonstance fortuite s'offrant en effet à lui, exécute plus tard son projet et vole. Nous avons démontré que, dans ces conditions, l'effraction ne serait pas un acte d'exécution du vol. Elle le faciliterait cependant. En serait-elle, à ce titre, une circonstance aggravante? Nous ne le pensons pas. Les termes des articles 381 et 384, C. P., paraissent s'y opposer. En effet, ils édictent une aggravation de peine contre les coupables de vol, *s'ils ont commis le crime à l'aide d'effraction.* D'après ce texte de loi, il est donc nécessaire, pour que l'aggravation soit encourue, non seulement que l'effraction ait été un moyen dont se soit aidé le malfaiteur, mais encore qu'il l'ait fait *en commettant* le vol, car ce sera alors *qu'il aura commis le crime* à l'aide d'effraction. D'ailleurs, le vol est ici aggravé par la matérialité même d'un fait. Cette aggravation ne saurait donc logiquement être encourue, si ce fait, l'effraction, n'était pas circonscrit au vol lui-même. Le texte de la loi ne fait donc que consacrer par ses termes eux-mêmes une rationnelle condition de l'acte auquel elle attribue l'aggravation pénale.

La jurisprudence que nous venons de rapporter confirme, disons-nous, cette appréciation, en rendant passibles de l'aggravation tous les coauteurs dont un seul a commis l'effraction. Ils ne peuvent, en effet, être traités avec une sévérité égale pour tous que parce qu'il ont tous participé à l'action criminelle. Ceci est évident. Or, cette participation qui seule les rend également responsables, ne saurait faire imputer à ceux qui ne l'ont pas personnellement commis *un fait antérieur à l'action.* Si donc la Cour de cassation, exigeant qu'une seule question afférente à la circonstance aggravante d'effraction soit commune sans distinction à tous les coauteurs du vol, montre par là qu'elle les rend tous également responsables de cette circonstance, alors même que le fait qui la constitue n'aurait été commis que par un seul, il faut bien en conclure qu'elle affirme par là, implicitement, que cette question qu'elle veut unique ne saurait être afférente qu'à l'effraction commise pendant l'action criminelle de vol.

Mais puisque tous les coauteurs sont traités également, l'effraction commise avant l'action de vol, bien qu'elle le facilite et qu'elle ait été commise dans ce but, ne sera pas plus une circonstance aggravante imputable à celui qui a accompli l'effraction qu'elle ne le sera aux autres coauteurs du vol.

Ce n'est pas seulement parce que les circonstances aggravantes d'effraction, d'escalade, d'usage de fausses clés résultent de faits matériels inhérents à l'action, que l'aggravation de peine qu'elles créent est commune à tous les coauteurs. Cette raison serait suffisante sans doute à lui donner un tel effet, mais elle tire ce caractère aussi du concert de tous les coauteurs. Il rend encore l'action et ses résultats communs à tous.

Les circonstances qui aggravent les infractions ne sont pas toujours formées de faits matériels. La loi en reconnaît encore de nombreuses résultant de la *qualité* de l'agent. Ainsi, le vol domestique est plus sévèrement puni que le vol simple. La qualité de domestique chez l'agent aggrave la peine. Il en est de même de la qualité de père, de celle de tuteur de la victime dans les crimes contre les mœurs. Ici l'aggravation de peine ne provient pas de circonstances matérielles, mais d'une qualité morale et personnelle de l'agent. On s'est demandé si, dans ces divers cas, la qualité de l'un des coauteurs le rendant passible d'une plus forte peine, cette aggravation devenait commune au coauteur n'ayant pas lui-même cette qualité.

On reconnaît généralement que cette aggravation est commune à tous (Dalloz, t. II, p. 492. Morin, v° *Coauteur*, p. 465). La raison qu'on en donne est que, dans l'accomplissement du crime, les coauteurs s'aident mutuellement, et que dès lors, ayant les uns à l'égard des autres rempli l'office de complices qui aident, ils encourent la responsabilité du complice qui, aux termes de l'article 59 du code pénal, doit être généralement puni de la peine infligée à l'auteur. Cette raison ne nous paraît pas justifier une opinion d'ailleurs parfaitement juridique. Le coauteur ne peut se trouver, en aucun cas, dans la situation du complice. Il n'en a pas les caractères, parce qu'il est auteur. Sans doute, il peut aider à l'œuvre de son coauteur en participant au fait lui-même; son but n'est pas d'aider autrui, comme c'est le cas du complice, mais d'aider à l'œuvre d'autrui parce qu'elle est aussi la sienne. Il joint ses efforts à ceux d'autrui pour la réalisation de son acte propre. C'est lui-même qu'il aide en favorisant dans une action commune le fait d'autrui. Faisons remarquer, en outre, que si l'assimilation, quant à la peine, de tous les coauteurs dont un seulement a la qualité attributive de l'aggravation commune à tous, provenait de ce que tous les coauteurs s'entr'aident, et de ce qu'ils seraient, à ce titre, complices les uns des autres, il faudrait logiquement admettre que toutes fois qu'une aggravation de peine serait encourue par l'un des auteurs d'une infraction, même pour un motif autre que sa qualité propre, tous les autres coauteurs qui l'auraient aidé en coopérant avec lui encourraient cette aggravation. Il faudrait admettre que lorsque l'un des auteurs d'un homicide l'a prémédité, son coauteur, alors qu'il n'aurait pas prémédité lui-même, encourrait la peine de l'homicide commis avec préméditation tout comme l'aurait encourue son complice, puisqu'il a aidé à la perpétration du crime comme l'eût fait un complice. Personne ne l'admet cependant ainsi (Cass., 4 avril 1863).

Les deux auteurs d'un homicide qu'un seul a prémédité s'entr'aident bien dans l'exécution du crime. Ils sont à cet égard exactement dans la situation de deux voleurs agissant de concert et ensemble, dont un seulement est domestique de la victime du vol, et cependant, tandis que les deux voleurs encourront la même peine, les deux coauteurs de l'homicide qu'un seul a prémédité seront passibles de peines différentes. Nous indiquerons plus tard le motif qui ne permet pas d'assimiler, quant à la peine, les deux coauteurs de l'homicide prémédité par un seul. Nous voulons actuellement prouver seulement, en montrant la différence qui existe entre eux quant à la peine, quoiqu'ils se soient entr'aidés, que ce n'est pas parce que les deux coauteurs d'un crime, coauteurs dont un seul était revêtu d'une *qualité* aggravant le crime, seraient réputés complices l'un de l'autre qu'ils encourent la même peine. C'est ailleurs que dans les textes qui assimilent le complice à l'auteur principal qu'il faut chercher la raison de l'assimilation , quant à la peine, de tous les coauteurs dont un seul a la qualité de laquelle résulte l'aggravation de peine. Cette raison est que si l'un des coauteurs a cette qualité , elle entre avec lui dans l'unité de l'agent dont il est un des éléments. Elle devient commune à tous, parce que, à raison de leur concert dans une action commune, ils ne forment moralement qu'un seul agent.

La préméditation et le guet-apens sont des circonstances aggravantes de l'homicide volontaire ; mais, ainsi que nous l'avons dit, nous réservant d'en donner le motif, si deux coauteurs commettent un homicide qu'un seul ait prémédité, l'autre n'encourra pas l'aggravation de peine résultant de la préméditation.

C'est là une exception faite par la jurisprudence à la règle générale qui assimile, quant à la peine, tous les coparticipants à l'action criminelle. Aussi, tandis que la Cour de cassation regarde comme irrégulière et pouvant amener contradiction la position des questions au jury , les appelant à répondre à l'égard de chaque accusé relativement aux circonstances aggravantes résultant d'un fait matériel, comme l'effraction , elle exige, au contraire, qu'une question spéciale soit posée à l'égard de chaque coauteur de l'homicide relativement à la circonstance aggravante de préméditation. La Cour de cassation , posant cette exception à la solidarité de tous les coauteurs , n'en donne pas le motif réel. Elle se borne à constater dans plusieurs arrêts (16 novembre 1854 , *Bull. crim.* , 1854 , n° 315. 7 décembre 1854, *Bull. crim.*, 1854, n° 333. 4 avril 1863, *Bull. crim.*, 1863 , n° 105) que la préméditation est un fait *personnel et moral*. Mais tout en précisant ainsi ce caractère propre, il est vrai , mais non exclusivement propre à la préméditation et au guet-apens, la Cour suprême ne dit pas formellement que ce soit là ce qui motive l'exception qu'elle admet.

La préméditation et le guet-apens sont bien réellement des faits personnels et moraux ; mais la qualité de domestique, celle de père , celle de tuteur sont *personnelles et morales* aussi , et cependant, ainsi que nous l'avons vu et que le reconnaît la jurisprudence , si un seul des coparticipants est revêtu de l'une de ces qualités, la peine qu'elle aggrave sera aggravée à l'égard de tous. Si donc l'aggravation de peine motivée par la qualité de tuteur de l'un des coauteurs n'est pas limitée à celui qui en est revêtu par le caractère personnel et moral de cette qualité, et devient au contraire une aggravation commune, comment pourrait-on soutenir que la préméditation crée une aggravation de peine seulement à l'égard de celui dont elle est le fait propre, parce qu'elle est un acte personnel et moral? Comment un caractère commun à la *qualité* de l'agent et à *un fait* de l'agent pourrait-il laisser commune à tous les coparticipants l'aggravation résultant de *cette qualité*, et rendre spéciale et personnelle à un seul coparticipant l'aggravation résultant *de ce fait?* Il faut trouver ailleurs que dans ce caractère *personnel et moral*, commun à la circonstance aggravante pour tous de domesticité, et à la circonstance aggravante pour un seul de préméditation, la cause de cette jurisprudence qui limite à celui-là seul qui a prémédité l'homicide l'aggravation de peine résultant de la préméditation, en exonérant de cette aggravation le coauteur.

Cette cause est bien simple, et nous sommes vraiment surpris qu'elle n'ait pas encore été indiquée. Elle consiste uniquement en ce que la préméditation et le guet-apens qui la suppose se produisent *avant l'action* (297, C. P.), et qu'ils cessent nécessairement lorsque l'action commence. La *qualité*, au contraire, de l'un des coauteurs est *concomitante* à l'action. C'est le concert des coauteurs *dans l'action* qui leur rend communes toutes les conséquences juridiques d'une qualité ou d'un fait intrinsèquement propre à l'un d'eux. Donc, cet effet ne peut être attribué qu'à la qualité ou au fait circonscrits dans l'action elle-même. Celui qui commet un homicide agit pendant l'action, intentionnellement sans doute; sa volonté est actuelle et concomitante à l'acte. Il le médite pendant qu'il le commet; mais cette volonté actuelle, élément essentiel de la criminalité, et l'une des raisons d'être de la peine simple, n'est pas la préméditation, volonté nécessairement antérieure à l'acte, et n'aggravant la peine qu'à ce titre. Le coauteur, dans l'action d'homicide, de celui qui a seul prémédité, n'agit pas ayant prémédité lui-même, mais il agit seulement avec l'auteur qui, bien qu'il ait prémédité, ne prémédite plus. Celui qui n'a pas prémédité ne saurait donc être responsable de la préméditation de son coparticipant, fait moral qui est resté en dehors de l'action criminelle à laquelle seulement il a participé. La qualité de

domestique , morale comme la préméditation , existe bien ,
ainsi que cette dernière, avant l'action ; mais , en outre , elle
est permanente et dure pendant l'action elle-même. C'est parce
que la préméditation est antérieure à l'action qu'elle l'aggrave ,
et c'est au contraire parce que la qualité de domestique est concomitante à l'action qu'elle l'aggrave.

Voilà pourquoi le coauteur qui n'a pas prémédité l'homicide
ne peut pas être passible de l'aggravation de peine encourue
par son coauteur ayant prémédité , tandis que le coauteur non
revêtu lui-même d'une qualité réputée aggravante et propre à
son coauteur, est passible aussi de l'aggravation de peine.

Aux termes de l'article 299 du code pénal, la qualité de fils
de la victime rend l'auteur de l'homicide passible de la peine
du parricide. Quelle sera la situation juridique de deux copartri-
cipants qui, agissant de concert, auront ensemble tué volontairement le père de l'un d'eux ? Seront-ils coauteurs du parricide ? encourront-ils l'un et l'autre la peine édictée par la loi
contre le parricide ? Ici la qualité de l'un des coparticipants
n'est pas aggravante du crime d'homicide. Elle est un élément
essentiel du crime de parricide , crime spécial, distinct de l'homicide volontaire et des circonstance qui pourraient aggraver le
meurtre en général. Aussi le jury, ayant à répondre à une accusation de parricide , ne doit-il pas être interrogé par deux
questions distinctes, la première d'homicide volontaire et l'autre
afférente à la qualité de l'agent ; mais il doit avoir à répondre
à une seule question comprenant dans ses termes les deux
conditions d'homicide volontaire et de qualité de l'agent, essen-
tielles l'une et l'autre au crime de parricide (Cass. , 16 juillet
1842, D. A., v° *Instr. crim.*, § 2876, note 2).

Il en résulte encore que si un seul agent tue simultanément
son père et un étranger, par cet acte, matériellement unique ,
il aura commis deux crimes de natures distinctes : un parricide
et un homicide. C'est ce qu'a décidé la Cour de cassation le
4 avril 1845 (D. P., 1845 , 1 , 245). Son arrêt précise que ce
n'est pas ici le nombre des personnes , objet de l'attentat , qui
dualise ainsi l'action moralement et juridiquement , mais bien
la qualité de l'agent relativement à l'une des victimes. Qualité
qui attribue le caractère de parricide à l'action , seulement à
l'égard de cette victime, lui laissant à l'égard de l'autre victime

sa qualification générique d'homicide. Nous avons vu que lorsqu'un crime est *aggravé* par la qualité ou par le fait de l'un des coauteurs, l'aggravation est commune à tous, parce qu'ils ont agi de concert *dans une même infraction*. Dans le meurtre au contraire commis par le fils de la victime et un étranger, ils agiront de concert dans un fait qui, unique sans doute matériellement, constitue néanmoins pour chacun d'eux une infraction de nature différente.

Il est d'un intérêt pratique de premier ordre d'examiner, en pareille matière, quel est le caractère propre des faits de participation accomplis par chacun. Si le fils et l'étranger ont agi l'un et l'autre comme *auteurs*, coauteurs du fait, ils ne le seront pas d'une même infraction. Le fils aura commis un parricide, l'étranger un homicide. Cette dualité d'incrimination ne cessera pas par suite de la circonstance que leur concert dans un même acte aura *aidé* à l'exécution de l'entreprise commune. Nous avons vu plus haut que l'aide réciproque des coauteurs d'un fait ne leur attribue pas la qualité de complices l'un de l'autre, et nous en avons indiqué les motifs. Le fils encourra la peine du parricide, l'étranger celle de l'homicide. Le crime du fils ne sera pas excusable ; celui de l'étranger admettra des questions d'excuse. Il sera posé à l'encontre de ce dernier, et de lui seul, s'il y a lieu, des questions relatives à la préméditation et au guet-apens. Enfin, ils auront juridiquement la situation de deux auteurs qui, sur deux personnes différentes et sans concert entre eux, auraient commis, l'un le crime de parricide, l'autre un homicide.

Si les actes de coparticipation commis par le fils de la victime sont de nature telle qu'ils le rendent auteur de l'homicide et que l'étranger l'ait, par des actes ayant le caractère de la complicité, aidé dans les faits qui ont consommé le crime, le fils encourra la peine du parricide, et l'étranger l'encourra également. Des questions d'excuse et des questions afférentes à la préméditation et au guet-apens ne pourront être posées ni pour l'un ni pour l'autre. Il paraît d'abord singulier que l'étranger qui a seulement aidé le fils puisse encourir une peine plus forte que celle qu'il encourt s'il a été lui-même aussi auteur de l'acte. Il en est juridiquement ainsi à cause de la généralité des termes de l'article 59, C. P., relatif au complice d'une part, et de l'impossibilité d'appliquer la peine du parricide à celui qui, quoique auteur d'un fait qualifié tel à l'égard de celui qui l'a accompli de concert avec lui, n'est lui-même ni auteur du parricide ni complice de l'auteur du parricide.

Si, au contraire, l'étranger a agi comme auteur et que le fils n'ait accompli que des actes de complicité en aidant avec connaissance l'étranger dans les faits qui ont consommé l'action, l'étranger aura commis seulement un homicide; le fils ne sera complice que de cette infraction. Ni l'étranger ni le fils n'encourront la peine du parricide. Ils bénéficieront l'un et l'autre des circonstances d'excuse et subiront les conséquences légales de la préméditation et du guet-apens reconnus à l'égard de l'étranger auteur de l'action. Ils seront passibles de la même peine.

Tels sont sommairement rappelés les caractères juridiques de l'infraction. Son objet comprend tous les faits accomplis en un seul et même acte. Quelques-uns de ces éléments la qualifient ou l'aggravent. Tous la réalisent. Chacun attribue sa nature propre à l'action elle-même. Quel que soit le nombre des coauteurs, le fait de chacun sera réputé être celui de tous. Les qualités ayant un intérêt juridique de l'un seront attribuées à tous, pourvu que ces faits ou ces qualités existent dans une action juridiquement commune.

www.ingramcontent.com/pod-product-compliance
Ingram Content Group UK Ltd.
Pitfield, Milton Keynes, MK11 3LW, UK
UKHW022213070726
13613UKWH00004B/1639